Alfred Fouillée

Le Plaisir et la Douleur au point de vue de la sélection naturelle

Essai

ISBN : 978-1545405604

10 9 8 7 6 5 4 3 2 1

Alfred Fouillée

Le Plaisir et la Douleur au point de vue de la sélection naturelle

Essai

Table de Matières

Introduction

Comme l'ont dit Platon et Aristote, il n'y a probablement chez l'homme ni plaisir ni déplaisir absolument pur : les deux sentiments se trouvent mélangés à doses inégales par l'art subtil de la nature, et l'impression définitive dans notre conscience est une résultante où l'emporte un des éléments. Cette complexité de toute émotion pourrait se déduire des deux conceptions dominantes de la physiologie moderne. La première de ces conceptions, c'est que notre corps est en réalité une société de cellules qui ont chacune leur activité propre et luttent entre elles pour la vie. Chez les animaux inférieurs, chaque partie de l'organisme semble encore jouir ou souffrir pour son propre compte, comme dans le ver coupé en deux ; chez les animaux supérieurs, il se produit une sélection et une fusion finale des impressions élémentaires qui aboutissent au cerveau. Il est probable que des rudiments d'émotions agréables ou désagréables émergent de toutes les parties et viennent retentir dans la conscience générale, de manière à lui communiquer le timbre du plaisir ou celui de la peine, selon les éléments auxquels reste la victoire. Nos peines et nos plaisirs seraient ainsi le résumé des peines ou plaisirs élémentaires d'une myriade de cellules : un peuple souffre ou jouit en nous, notre *moi* est *légion*, notre bonheur individuel est en même temps un bonheur collectif et social. Ce n'est pas tout. Une autre conception de la psychologie physiologique vient confirmer encore ce caractère collectif de notre sensibilité : c'est la doctrine de l'évolution et des effets de l'hérédité accumulés dans l'individu. Ce n'est pas seulement le présent qui résonne en nous, mais encore le passé : nos émotions en apparence les plus nouvelles renferment le ressouvenir et l'écho inconscient des expériences de toute une série d'ancêtres. Quoi de plus neuf, semble-t-il, et de plus frais que la première émotion d'amour éprouvée par la jeune fille ? Et cependant, c'est tout un passé qui se prolonge et retentit en elle : le battement de son cœur est la continuation du battement de cœur universel ; la rougeur de ses joues est le signe visible d'une infinité d'émotions intérieures où se résument les émotions de toute une race ; ce n'est pas elle seulement qui aime, c'est l'humanité et même la nature entière qui aime en elle.

Alfred Fouillée

Selon M. Spencer, on le sait, la vue d'un paysage réveille en nous simultanément des milliers d'émotions profondes, maintenant vagues, qui existaient dans la race humaine aux temps barbares, quand toute son activité se déployait surtout au milieu des eaux et des bois [1]. De même, selon M. Schneider, pourquoi la contemplation d'un coucher de soleil nous donne-t-elle une impression de calme et de paix ? « Il n'y a qu'une réponse : c'est que, depuis d'innombrables générations, la vue du soleil couchant est associée au sentiment de la fin du travail, du repos, de la satisfaction [2]. » C'est trop dire, sans doute ; les teintes mêmes du soir et sa fraîcheur ont un effet physiologique et psychologique qui entre comme élément dans notre émotion ; nos souvenirs personnels y sont aussi associés et non pas seulement les réminiscences ancestrales ; pourtant il est plausible d'admettre que le calme des heures de repos goûtées par le genre humain depuis des siècles descend en nous avec les ombres du soir. Les sentiments esthétiques, aujourd'hui désintéressés, enveloppent ainsi une foule d'éléments sensitifs et de tendances à l'action renaissantes, qui se rapportaient originairement à la conservation de l'individu et de l'espèce.

Il résulte de là que l'étude du plaisir et de la douleur est analogue, comme complication et comme difficulté, à la science sociale, où les actions et réactions mutuelles semblent, par leur variété et leur multiplicité, échapper aux prises du calcul. Ne nous étonnons donc pas de la contradiction qui parait exister entre les philosophes relativement à la nature du plaisir et de la douleur. « Il serait à souhaiter, disait Leibniz, que la science des plaisirs fût achevée [3]. » Elle est encore bien loin de l'être. Aujourd'hui que le problème du pessimisme et de l'optimisme a repris, avec un aspect nouveau, une nouvelle importance morale et métaphysique ; il n'est guère de question plus intéressante pour le philosophe que celle qui concerne l'origine du plaisir ou de la douleur et leur rôle comme moteurs de l'universelle évolution. Nous nous proposons ici d'exposer ce qu'il y a de vrai et ce qu'il y a aussi d'incomplet dans les explications empruntées à la doctrine de la sélection naturelle : nous rechercherons d'abord la portée et les limites de ces explications ; puis nous montrerons les conséquences morales ou métaphysiques auxquelles aboutit l'étude des rapports du plaisir et de la douleur avec la vie.

Section I

On ne pouvait manquer d'appliquer la doctrine biologique de la sélection au plaisir et à la douleur. C'est à cette théorie que M. Schneider, comme M. Spencer dont il est le zélé disciple en Allemagne, demande le dernier secret de nos joies ou de nos peines. Non-seulement il y a un lien entre le plaisir et l'accroissement de la vitalité, mais ce lien ne pouvait pas ne pas s'établir par une nécessité de l'évolution.

Qu'est-ce, en effet, que le plaisir ? « Une manière d'être que nous cherchons à produire dans la conscience et à y retenir, » répond M. Spencer. — Qu'est-ce que la douleur ? « Une manière d'être que nous cherchons à faire sortir de la conscience ou à en tenir éloignée [4]. » Ces principes posés, on voit immédiatement la conséquence que doivent tirer MM. Spencer et Schneider. Imaginez des individus chez qui le plaisir soit lié aux actions nuisibles, la douleur aux actions utiles. Il a dû se produire à l'origine des êtres de ce genre, grâce aux jeux de la nature, car, comme disait le vieil Héraclite, « Jupiter s'amuse et le monde se fait. » Mais les êtres ayant accidentellement un tel vice de constitution ont dû vite disparaître, puisqu'ils persistaient dans ce qui est nuisible et fuyaient ce qui est utile. Ainsi, d'après les principes de Darwin, qu'avait entrevus un autre philosophe grec, Empédocle, la condition essentielle du développement de la vie à travers les âges, c'est que les actes agréables soient aussi, *en général*, les actes favorables à ce développement. C'est là une nécessité toute mécanique. — Mais, dira-t-on, il y a des exceptions à cette loi. Toute douleur particulière n'est pas nuisible à la vie, tout plaisir particulier n'est pas utile. L'ivresse, par exemple, quoique nuisible, est pour beaucoup de personnes agréable. — Les partisans de la sélection naturelle ne seront pas embarrassés pour répondre. Comme le remarque le physiologiste Fick, si toutes les sources et rivières laissaient couler naturellement de l'alcool au lieu d'eau, il serait arrivé de deux choses l'une : ou bien, dans ce milieu ainsi modifié, tous les hommes auraient fini par détester l'alcool et par le fuir instinctivement, comme les animaux fuient les poisons ; ou bien nos nerfs se seraient organisés par sélection de manière à supporter l'alcool impunément.

Alfred Fouillée

On a objecté aussi la vive douleur du mal de dents, qui ne semble pas pourtant mettre notre conservation en grand danger. Mais les dents avaient une grande importance pour nos ancêtres anthropoïdes ; ils ne s'en servaient pas seulement pour la mastication, mais pour une foule d'usages. Sans la douleur, l'être vorace serait exposé à mâcher des objets trop durs et à briser un organe utile. Enfin et surtout les dents sont un organe soumis à la volonté, et c'est une loi générale que tous les organes sur lesquels la volonté a un pouvoir de direction soient sensibles. Les avertissements de la sensibilité ne sont demeurés inutiles que pour les organes qui fonctionnent automatiquement.

M. Schneider a une telle confiance dans la sûreté du mécanisme naturel, au moins pour la généralité des cas, qu'il en viendrait volontiers à croire, avec Rousseau et Fourier, que la nature ne se trompe pas quand on l'abandonne à elle-même. « A l'état normal, dit-il, les sentiments vont toujours à leur vrai but ; les erreurs ne viennent que de l'état maladif, surajouté à la nature par la civilisation. Chez l'homme naturel et sain, les sentiments sont sains, en sorte qu'à chaque idée est lié un sentiment d'une intensité correspondante et convenable. » Les rapports anormaux se rencontrent surtout chez les hommes cultivés, principalement chez ceux qui sont malades par leur faute ou par celle de leurs ancêtres. « Les passions sont bien moins répandues dans la population saine et simple des campagnes que chez les habitants très civilisés des grandes villes. La conduite pratique, droite, bonne, dépend bien plutôt de la santé du corps que de la santé de l'intelligence. » Aussi M. Schneider se montre-t-il, comme M. Spencer, assez dédaigneux de l'instruction intellectuelle et de la force des idées.

Ici commencent, à notre avis, les exagérations de la théorie darwiniste. Sans doute, une fois produit un mécanisme de plaisirs utiles à la vie, il s'est transmis par hérédité et est devenu presque infaillible dans les espèces inférieures ; mais chez les animaux supérieurs, même chez ceux qui ont la *mens sana in corpore sano*, on ne peut plus trouver aucune infaillibilité. C'est que, plus les organismes se compliquent, plus leur sélection *purement mécanique* devient difficile ; un homme paresseux ou inintelligent, par exemple, est-il condamné à mort par la justice de la mécanique universelle, armée de sa balance toujours en équilibre ? — Non, il peut se sauver par quelque autre endroit. Si telle faculté est en souffrance, une autre peut venir au secours de la première. Aussi l'adaptation mécanique au milieu se fait-elle avec plus de peine à mesure qu'on s'élève dans l'échelle des êtres : de là bien des anomalies. Les individus gardent certains plaisirs autrefois favorables, maintenant inutiles ou nuisibles. La passion de la chasse et celle de la guerre chez les hommes d'aujourd'hui semblent, selon Spencer, un reste des instincts du sauvage.

Les anomalies ont également lieu en vertu d'une autre conséquence de la sélection naturelle, sur laquelle M. Schneider n'a pas assez insisté : l'antagonisme de l'individu et de l'espèce. Les animaux inférieurs, pour se propager, doivent se détruire eux-mêmes : le corps se séparant en deux ou plusieurs, l'individualité du parent se perd dans celles des descendants. L'antagonisme est donc ici évident ; mais, même chez beaucoup de races déjà plus élevées, l'animal est condamné à périr lui-même aussitôt qu'il a engendré : tels sont la plupart des insectes. Plus tard, quand l'espèce s'élève encore, la race et l'individu se réconcilient en une certaine mesure. L'enfant ne subsiste que si la mère, le père, une foule d'individus subsistent autour de lui. L'individu vit par la société, la société vit par l'individu. Pourtant, dans ce passage graduel des races inférieures aux races supérieures, il se produit encore une foule d'anomalies ; aussi chez les hommes, mêmes *sains*, le plaisir est-il souvent contraire à l'intérêt. En tout cas, le plaisir de l'individu est très souvent contraire à l'intérêt de l'espèce humaine. Pas plus que M. Spencer, M. Schneider n'a trouvé le moyen de réconcilier l'égoïsme et « l'altruisme. » Si la relation générale du plaisir et de la douleur avec la vie demeure certaine, la nécessité d'une intelligence régulatrice ne l'est pas moins. Nous accordons que l'idée même doit se faire sentiment pour devenir force efficace, mais ici le sentiment n'est plus un simple résultat des lois de la sélection : il est lié au développement de la pensée, qui, étant elle-même la fonction supérieure de la vie, ne mérite pas cette sorte de défiance que M. Schneider professe à son égard.

Nous venons de voir que la sélection toute mécanique et biologique se montre insuffisante, chez les espèces supérieures, pour produire l'harmonie constante du plaisir ou de la peine avec la conservation de l'espèce. Allons plus loin : la sélection mécanique n'est-elle pas également insuffisante à expliquer la première origine du plaisir et de la douleur, même chez les espèces les plus infimes ? Le darwinisme porte exclusivement sur le mécanisme extérieur des choses déjà existantes, sur les rapports d'éléments une fois *donnés*. On comprend fort bien que le hasard amène dans la structure des organismes tels et tels accidents heureux, telles variations favorables à l'espèce ; mais peut-on se figurer la sensibilité au plaisir ou à la douleur comme un accident de ce genre, comme une *nouveauté* due à une combinaison fortuite d'éléments insensibles ? N'y a-t-il là des éléments qui se rencontrent comme les atomes de Démocrite et se combinent pour produire les plaisirs ou les peines, étincelles fugitives jaillies de leur choc ?

Non-seulement l'existence même du plaisir et de la douleur, comme faits d'ordre mental, reste inexplicable au darwinisme, mais leur relation primitive avec la vie n'est pas elle-même complètement expliquée. Est-ce seulement par hasard que le plaisir s'est trouvé lié aux actions utiles et en quelque sorte *vitales* ? Faut-il pousser le darwinisme jusqu'à concevoir une sorte de jeu de dés où les circonstances fortuites et extérieures détermineraient *seules* la liaison du plaisir avec la vie ? Ou ne doit-il pas exister entre les deux un lien plus profond et plus intime, indépendant de la sélection qui le diversifie et le perfectionne, mais ne le crée pas ? — Nous allons voir que ce lien existe on effet, et qu'il existe avant l'influence extérieure de la sélection naturelle. C'est donc à la physiologie et à la psychologie qu'il faut demander la raison primitive d'où résulte la connexion du sentiment avec la vie. Voyons d'abord ce que la physiologie nous apprendra sur ce sujet et quelle est la limite de ses explications.

Section II

Les interminables discussions sur les causes physiologiques du plaisir et de la douleur proviennent de ce qu'on raisonne trop sur des organismes déjà développés, sortes d'états centralisés et complexes. Ce qu'il faudrait savoir, — mais ce qu'il est le plus difficile de savoir au juste, — c'est ce qui, dans une cellule ou un nerf, cause le rudiment du plaisir ou de la peine, pour s'étendre ensuite à l'ensemble du corps vivant.

Les éléments nerveux, — tubes ou cellules, — sont constamment le théâtre d'un double travail chimique : un « travail négatif » de réparation, qui consiste dans la formation de composés albuminoïdes très complexes, et un « travail positif » de dépense, qui consiste dans leur réduction en combinaisons plus simples. Dans l'état de repos, ces deux travaux moléculaires, accompagnés de courants électriques inverses, existent simultanément et se font à peu près équilibre. En ce cas, il n'y a rien, dans la conscience même, qu'un état d'équilibre et de calme vital, auquel est attaché un vague sentiment de repos et de bien-être. Un agent extérieur, son, lumière, choc, vient-il exciter un nerf, l'équilibre rompu produit un mouvement de dépense nerveuse, qui excite un mouvement de réparation simultanée comme l'eau qui sort d'un siphon appelle à sa place l'eau qui y monte.

Maintenant, quelle est la relation des deux espèces de travail nerveux avec la peine et la douleur ? — C'est ici que la divergence se produit entre les physiologistes. Essayons d'éclaircir la question en nous reportant aux nécessités de la vie même, qui n'ont pu manquer d'agir dans la sélection naturelle.

Les deux travaux de réparation et de dépense sont également nécessaires à la vie ; de plus, ils doivent être proportionnés l'un à l'autre pour que la vie subsiste. La *réparation* nerveuse, qui accumule la force, a toujours pour résultat et pour objet l'*exercice*, qui dépense la force. Dans la sélection naturelle, l'animal ne peut pas se contenter de réparer son système nerveux ; il faut qu'il le mette en usage pour chercher sa nourriture et se défendre, il faut qu'il se dépense pour se conserver. S'il en est ainsi, peut-on admettre avec Léon Dumont que l'accumulation de la force, son « emmagasinement dans le nerf » soit ce qui seul cause le plaisir ? Tout fonctionnement nerveux, dit Léon Dumont, est une dépense de force ; « comment la dépense, qui est une perte, pourrait-elle produire le plaisir ? » Ce dernier doit avoir pour cause, au contraire, une augmentation de force, « une réception de mouvement [5]. » Cette théorie vient de ce que Léon Dumont conçoit mal le rapport des deux travaux moléculaires. Le travail visible de dépense, — marcher, parler, regarder, écouter, etc., — est sans doute, sur le moment même, une perte de force motrice ; mais d'abord, nous venons de voir que, dans l'organisme suffisamment nourri, il y a réparation du nerf par la nourriture à mesure qu'il s'use par l'exercice ; le simple repos suffit aussi à le réparer : il n'y a donc point ici perte sèche et définitive. De plus, l'exercice même produit l'habitude en diminuant les résistances et les obstacles : le musicien s'habitue aux mouvements nécessaires pour l'exécution. Enfin, quand l'exercice est modéré et agréable, il accroît et nourrit l'organe au lieu de l'affaiblir. Faute d'usage, au contraire, un organe s'atrophie, comme l'œil de la taupe, celui de certains rats des cavernes (*wotama*), celui des crabes qui vivent dans les autres profonds de la Carniole et du Kentucky : chez ces crabes, le support de l'œil subsiste, mais l'œil a disparu ; le pied du télescope est encore là, mais le télescope lui-même avec ses verres n'y est plus. Plusieurs rats de cavernes capturés à un demi-mille de distance de l'ouverture, et qui n'habitaient pas les plus grandes profondeurs, furent exposés un mois par Sillman à une lumière graduée et finirent par recouvrer, grâce à l'exercice, une vue trouble des objets [6]. Le lapin domestique n'ayant plus besoin de dresser l'oreille à la menace du danger, les muscles redresseurs ont fini par s'atrophier dans certaines espèces et par laisser les oreilles tombantes. Ainsi l'exercice normal, la dépense proportionnée à la force, est une condition nécessaire de réparation, de conservation, de progrès. La sélection naturelle est donc une loi de travail, de dépense incessante. — Travaille ou meurs. Mais l'action même fortifie, la dépense enrichit.

C'est que la vie suppose une recomposition et une décomposition incessantes, par conséquent des mouvements de « désintégration » aussi bien que « d'intégration. » Suspendez la décomposition vitale, par exemple au moyen de certaines substances toxiques : loin de conserver la vie, vous l'arrêterez. Se sentir vivre, c'est avoir la perception obscure de tous ces mouvements vitaux ; jouir ou souffrir, c'est se sentir vivre *plus* ou vivre *moins*. Plus la décomposition est intense avec une recomposition également intense, plus le mouvement vital est précipité et plus nous sentons. C'est comme un tourbillon qui nous donne l'ivresse d'une vie intense et rapide. Ce n'est donc point, pour parler le langage de la mécanique, la « force potentielle, » mais sa transformation en force vive et en mouvement qui cause le plaisir, pourvu que cette dépense n'excède pas la réparation nécessaire à la « survivance de l'individu ou de l'espèce. »

L'expérience confirme les déductions qu'on peut tirer des lois mêmes de la sélection naturelle et de la lutte pour la vie. En fait, toute action normale et proportionnée d'un nerf suffisamment nourri cause de la jouissance. De plus, le plaisir s'accroît avec la force même du stimulant, jusqu'au point où la stimulation et la dépense qu'elle entraîne excède le travail compensateur de réparation. Dans le silence de la nuit un son lointain s'élève, il va *crescendo*, et en même temps s'accroît votre plaisir à l'entendre. Si le son devient trop violent, le plaisir se change en gêne. La première lueur du soleil excite notre œil et, à mesure que le soleil levant monte à l'horizon, il semble que le plaisir se lève aussi et monte à l'horizon de votre conscience ; mais quand la lumière est devenue trop vive, votre œil est blessé, aveuglé. La peine est due, soit à l'épuisement, soit à la destruction ou à la rupture du tissu sensible ; désavantages qui, en se prolongeant, entraîneraient la mort de l'individu ou de sa descendance. L'exercice proportionné ou disproportionné d'un nerf *particulier* étend ensuite son effet, par diffusion et sympathie, de manière à se faire sentir pour la totalité du système nerveux et, par conséquent, de l'organisme.

Il résulte de là que, dans la lutte pour l'existence, quatre situations sont possibles si on considère le rapport de l'énergie dépensée à l'énergie accumulée, du travail produit à la nutrition : 1° un excédent d'acquisition avec dépense insuffisante produit la peine négative du besoin : l'enfant bien nourri souffre de l'immobilité ; 2° un surcroît de dépense succédant à un surcroît d'acquisition produit le plaisir positif de l'exercice : l'enfant est heureux de courir, de sauter, de jouer ; 3° un surcroit de dépense avec insuffisance de réparation produit la fatigue et la douleur positive : une course trop rapide ou trop prolongée amène la lassitude ; 4° l'absence de dépense après l'épuisement produit le plaisir négatif du repos.

M. N. Grote a bien vu ces proportions diverses des deux travaux de dépense et d'acquisition ; mais il ne s'est pas demandé si les quatre lois qui précèdent ne pourraient se réduire à une loi supérieure et vraiment primitive. C'est cependant, à notre avis, ce qui a lieu, si on interprète psychologiquement les faits physiologiques. Les physiologistes eux-mêmes se seraient épargné bien des discussions s'ils avaient ramené systématiquement les lois secondaires à une loi essentielle. Ainsi, quel est le vrai sens de *la loi de proportion* qui veut que le travail positif d'exercice soit en rapport avec le travail négatif de réparation ? On a voulu conclure de cette loi que la raison du plaisir est dans la mesure, dans le juste milieu entre les extrêmes où Aristote plaçait la vertu, dans une sorte d'*aurea mediocritas* : la loi fondamentale de la sensibilité serait ainsi l'équilibre, non l'action pure et simple. M. Spencer lui-même finit par placer le plaisir dans l'activité « moyenne. » C'est confondre la borne d'une chose avec son essence. La modération, comme telle, n'est pas le plaisir même ni la loi primitive de la vie ; elle est une nécessité que la vie rencontre et subit en raison des nécessités mêmes de l'organisme. La vraie loi première, c'est que le plaisir est lié à l'activité la plus intense possible, qui est, d'ailleurs, la vraie condition de supériorité dans la lutte pour l'existence. C'est pour cette raison que, si l'accroissement de l'activité ou de la fonction exercée ne dépasse pas la réserve de forces et n'use pas l'organe, le plaisir croît comme l'activité même, sans se préoccuper le moins du monde de la modération. Par exemple, le plaisir intellectuel et artistique, pris en soi et indépendamment des organes qui se fatiguent à la longue, croit en raison directe de l'activité exercée. Qui ne connaît le passage classique de Bossuet : « Les yeux fixés sur le soleil y souffrent beaucoup et à la fin s'y aveugleraient ; mais le parfait intelligible récrée l'entendement et le fortifie ; la recherche en peut être laborieuse, mais la contemplation en est toujours douce. » Toutefois, ces plaisirs absolument purs de l'intelligence ne sont qu'un idéal irréalisable, la contemplation même dont parle Bossuet ne demeure douce que le temps pendant lequel l'attention n'est point fatiguée ; la plus haute extase ne va point sans une tension des muscles qui se manifeste dans l'attitude même, et sans un épuisement consécutif de la substance nerveuse. La *mesure* dans l'activité devient donc un moyen d'en assurer le développement le plus *intense*. Si l'excès de mouvement musculaire, comme le manque, produit de la douleur, c'est qu'en ne proportionnant pas notre réaction à la force de nos organes, nous les usons. Le prétendu accroissement d'activité est alors une diminution. C'est ce qui produit le danger des stimulants comme les alcooliques, ou des énervants comme les narcotiques et le tabac : plus, en ce cas, on répète la sensation avec l'espoir de l'augmenter, plus on l'affaiblit. Cette apparente exception à la loi de l'intensité ne fait donc que la confirmer. La sélection naturelle se fait en faveur des races qui savent accumuler leurs forces par la modération même.

Autre problème. Pourquoi le *changement* dans l'action est-il nécessaire ? C'est là encore une loi dérivée que les psychologues contemporains, par exemple, MM. Bain et James Sully, ont nommée *loi de contraste*, pour l'opposer aux lois de *stimulation* et de *modération*. Mais, en réalité, c'est toujours du même principe que se tirent ces diverses conséquences. Le changement dans l'action n'est encore qu'un moyen d'assurer l'intensité de l'action : il lait travailler d'autres nerfs pendant que les premiers se reposent ; il permet donc aux nerfs de se séparer et accroît la puissance vitale.

Jouir, c'est toujours agir, agir, le plus possible, avec la plus grande intensité, avec la plus grande indépendance, avec la plus grande liberté possible. L'activité, par elle-même, va à l'infini : elle ne se modère que par nécessité et par contrainte, elle ne se modère que pour pouvoir ensuite se modérer moins, que pour se déployer au-delà de toutes les limites successivement dressées devant elle. Elle pourrait dire avec Faust : « — Si jamais je goûte la plénitude du repos, que ce soit fait de moi ; si jamais je dis à l'heure présente : attarde-toi, tu es assez belle ! alors la cloche des morts peut sonner ; que le cadran s'arrête, que l'aiguille tombe et que le temps soit accompli pour moi. » L'activité ne change aussi que pour se maintenir, pour s'adapter progressivement à un milieu qui change lui-même, pour accroître enfin ses conquêtes sans perdre ses acquisitions. Dans l'évolution des espèces, cette expansion de l'activité fut toujours une condition de survivance et de supériorité sur les autres espèces.

Maintenant, l'intensité finale de l'action et sa victoire dans la lutte pour l'existence est-elle liée à la *quantité* brute de l'excitation nerveuse, indépendamment de la qualité ? Léon Dumont l'a soutenu ; M. Wundt lui-même, dans son échelle des intensités de plaisir comparées aux intensités d'excitation, a trop exclusivement considéré la quantité du stimulant et de la réaction nerveuse qu'il provoque. Il en résulte des difficultés sérieuses. Par exemple, comment expliquer que certains sons, certaines odeurs soient désagréables *à tous les degrés* ? M. Wundt, qui d'ailleurs a trop négligé le point de vue de la sélection naturelle, s'efforce d'échapper à la difficulté en disant que, dans ce cas, « le point d'indifférence » est situé tellement bas pour la sensation qu'il ne se distingue plus du point même où elle atteint « le seuil de la conscience ; » si bien que, quand l'exaltation commence dans la conscience, elle est déjà désagréable [7]. Cette façon de rejeter dans les bas-fonds de l'inconscient la partie du phénomène auquel on ne peut appliquer sa théorie est un moyen trop expéditif. Une dissonance musicale de seconde mineure semble désagréable en elle-même à tous les degrés, faut-il croire qu'elle commence par nous donner un plaisir inconscient [8] ? Fixez votre regard sur une surface blanche modérément éclairée, vous ne sentez ni fatigue ni déplaisir, mais aussi vous n'éprouvez qu'un faible plaisir positif. Maintenant, substituez une surface bleue à la surface blanche : le bleu, dont le rayon était déjà présent dans la lumière blanche comme un de ses éléments constitutifs, se trouve maintenant présenté séparément à votre œil par l'élimination des autres éléments lumineux ; or, votre plaisir est instantanément accru. Cet accroissement de plaisir est-il dû à un simple accroissement du « stimulus ? » — Non, semble-t-il, car le stimulus physique est, au contraire, *diminué* de tout le total de lumière éliminée. Votre plaisir n'est pas dû non plus à une diminution de fatigue, car le blanc n'avait rien de fatigant. L'agrément du bleu doit donc tenir plutôt au mode qu'au degré de l'action nerveuse. De plus, il doit y avoir ici un effet de l'hérédité et de la sélection : depuis des siècles innombrables, les êtres animés reçoivent les rayons bleus du ciel sous lequel ils vivent : ils en ont l'accoutumance héréditaire, ils se sont adaptés à ce milieu lumineux des jours sereins comme aux (1) rayons verts des champs et des bois. Il est d'ailleurs impossible de se rendre compte, jusque dans les détails, de nos plaisirs sensitifs, pas plus que de nos plaisirs esthétiques. Tout ce qu'on peut dire, d'une manière générale, c'est que la *forme* ou la qualité de l'excitation doit être mise en ligne de compte, non pas seulement sa quantité pure, car l'action doit toujours se trouver en rapport avec la forme même des organes, produit de la sélection naturelle. Notre activité n'est ni solitaire, ni indépendante et absolue. Nous ne pouvons agir et lutter pour la vie que dans un milieu qui est lui-même actif et en lutte incessante ; nous ne pouvons agir qu'en harmonie ou en conflit avec les forces extérieures, qui sont nos auxiliaires ou nos ennemis ; s'il y a concours, « synergie, » il y a plaisir, puisque notre force s'augmente alors par le concours même des autres forces. S'il y a conflit, manque d'adaptation aux conditions d'existence, il y a pour nous conscience d'une diminution de notre énergie, employée à vaincre les résistances, comme une machine imparfaite qui perd sa force dans des frottements. L'ordre et l'harmonie sont donc encore des moyens de conserver et d'augmenter la force.

Si nous examinons le sens vers lequel se dirigent, en dernière analyse, les mouvements continuels dont l'organisme est le siège, nous voyons que les uns tendent à la conservation de la substance, les autres à sa destruction ; par conséquent, les uns tendent à la vie, les autres à la mort. La vie, a-t-on dit, est l'ensemble des forces qui résistent à la mort : la lutte pour vivre est continuelle. Le plaisir est la victoire, la douleur est la défaite ; le plaisir est la vie, la douleur est la mort. Toute souffrance est une mort partielle qui s'accomplit dans quelque organe, dans quelque fonction. Pourquoi les ténèbres sont-elles liées à un sentiment de tristesse ? C'est qu'elles sont pour nous un aveuglement momentané, une suppression de la vue avec la lumière même, une mort de la vue. Dans les sons dissonants, la perception même des sons tend à être détruite, car, par suite des battements et des interférences, les tons se supplantent, se repoussent, s'arrêtent ; le sentiment de supplantation et d'arrêt se traduit, ici encore, en déplaisir, comme la supplantation des rayons lumineux dans le noir. En un mot, tout ce qui tend à arrêter et à anéantir une fonction des sens produit gêne ou peine. Il en est de même pour les fonctions de la pensée, fut-ce la simple attention et « aperception » : ce que nous pouvons difficilement *apercevoir*, ce qui est trop grand ou trop petit, trop confus ou trop indistinct, ce qui arrête le regard de la pensée et tend à supprimer la pensée même, produit un commencement de déplaisir. Pourquoi le sentiment du sublime est-il, comme l'a montré Kant, un mélange de joie et de tristesse ? C'est que, devant l'immensité du ciel, de la mer ou de la montagne, la possibilité d'apercevoir l'ensemble, d'embrasser tout du regard ou même de l'imagination nous est enlevée ; mais, par un effort supérieur de la pensée, nous concevons l'infini et anéantissons l'obstacle matériel devant l'idée intellectuelle. Nous avons ainsi à la fois le sentiment d'une infériorité physique qui nous affaisse et le sentiment d'une supériorité morale qui nous relève ; nous mourons dans le monde sensible et renaissons aussitôt dans le monde intelligible, c'est comme le sentiment d'une résurrection sous forme d'éternité : *sub specic œterni.*

Section III

La lutte des êtres, au milieu de laquelle se produit la sélection naturelle, est-elle simplement une lutte pour l'existence, sans rien de plus ? Darwin semble l'admettre ; car son principe est « le combat universel pour la *préservation* de la vie. » Spinoza avait dit de même que c'est l'effort de l'être pour se conserver qui est le fond du désir, la source du mouvement universel. On a tiré de là de graves conclusions pour la morale et pour la science sociale. Si l'unique ressort de toute activité, de toute vie, de toute volonté, est la conservation de soi, il en résulte que l'égoïsme radical est l'essence même du vouloir, et que tout plaisir est au fond égoïste : l'égoïsme ne peut manquer d'être transformé à la fin en unique loi de la morale. Il en résulte aussi que la lutte pour la préservation de l'existence est la seule loi des individus au sein de la nation, des nations diverses au sein de l'humanité. Or, c'est là une loi de guerre et de conquête, où le droit supérieur est le droit du plus fort, du plus apte à préserver et à imposer son existence.

Les théories de Darwin ont été trop influencées par la loi de Malthus sur la population. La concurrence pour la *nourriture* entre les organismes de même espèce, qui est la vraie lutte pour la préservation de la vie, est, en réalité, un phénomène secondaire ; elle n'est pas un fait qui accompagne la vie essentiellement et partout. L'effet de la pression exercée par la population n'est pas même toujours l'avancement de l'individu ou de l'espèce ; il est souvent la dégénérescence : on végète au lieu de vivre, on s'use, on décroît par la misère et la faim. Les progrès dans l'organisation ont plutôt leur source dans un état de prospérité et de surcroit, dans un état où il y a abondance de nourriture, non pas seulement adaptation au milieu, mais avance de l'être sur le milieu. C'est pour cela que les progrès dans l'art et dans la science ont exigé un certain luxe, au moins pour certaines classes, une délivrance des soucis de la nourriture et de la préservation. Toute nouvelle position gagnée par un organisme dans son progrès est une limite qu'il s'efforce de dépasser à son tour : nous trouvons partout non pas seulement la tendance à conserver la vie, mais la tendance à améliorer les conditions de la vie, en intensité et en qualité. Il y a donc entre les organismes une concurrence active pour un *surplus*, une sorte d'ambition pour la conquête du mieux et non une guerre purement défensive. Le commandement primitif de la morale naturelle, chez l'animal, n'est pas seulement ce que Darwin et M. Spencer appellent « la vie normale, le maintien de soi, » *live normally, self-maintenance* ; c'est le passage au-delà de la limite même qui, jusqu'alors, avait été normale, pour développer ainsi de nouveaux besoins et les satisfaire. Les êtres sont une armée en marche, et l'universel mot d'ordre n'est pas seulement *conservation*, mais *évolution*.

Aussi les diverses formes de la vie sont-elles déjà capables d'*évoluer* et d'avancer leur organisation en dehors de l'influence, d'ailleurs considérable, qu'exerce la sélection naturelle. Celle-ci est un procédé de triage mécanique qui n'aurait point de matériaux où s'exercer s'il n'existait déjà une organisation antérieure, susceptible de *variations* plus ou moins *favorables* à l'avancement de la vie. Ces variations, selon Darwin, seraient toutes accidentelles, toutes de hasard, et c'est, nous l'avons vu, cette part exagérée faite aux accidents extérieurs qui est le défaut du darwinisme : Darwin n'a pas assez considéré les nécessités intérieures, soit physiologiques, soit psychologiques, qui agissent avant toute sélection et rendent toute sélection même possible. D'ailleurs, avec son admirable sincérité, il a reconnu lui-même qu'il avait, par un grave oubli, fait une part trop faible à la corrélation intime des organes et à leurs variations symétriques, qui se produisent indépendamment de l'*utilité*, par une nécessité toute physiologique. « L'homme et tous les animaux, dit-il, présentent des organes qui, à notre connaissance, ne leur sont d'aucune utilité maintenant, pas plus qu'à une autre période antérieure de leur existence, soit sous le rapport des conditions générales de leur vie, soit sous le rapport des relations d'un sexe à l'autre. Des organes de ce genre ne se peuvent expliquer *par aucune forme de sélection*, non plus que par les actions héréditaires de l'habitude ou du manque d'usage. Dans la majeure partie des cas, la cause de chaque modification ou de chaque monstruosité réside plutôt dans la nature ou la constitution de l'organisme que dans le milieu [9]. » Pareillement, Darwin a négligé le point de vue psychologique : les êtres « luttent pour la vie, » mais comment d'abord *vivent-ils* ? et pourquoi *veulent-ils* vivre ? et pourquoi *luttent-ils* ? Comment y a-t-il des variations *agréables* et utiles, que l'être *s'efforce* de conserver ? Où est, dans tout cela, le moteur primitif, le *primum movens* ? La sélection extérieure présuppose évidemment un ressort interne, nécessité ou spontanéité, qui produit, avec la vie, l'élan vers une vie supérieure, l'élan de l'évolution.

Un biologiste allemand, mort trop jeune, M. Rolph, a essayé de déterminer le ressort concret et même mécanique de l'évolution universelle pour compléter la théorie de Darwin. Toute matière organisée croit par diffusion, c'est-à-dire en absorbant et en appropriant, pour sa croissance, les matériaux nécessaires à la vie. La diffusion est une série de mouvements où l'*endosmose*, qui absorbe les éléments favorables, l'emporte sur l'*exosmose*, et cette diffusion est un effet mécanique. Ces divers modes de fonctionnement mécanique, dans la substance organisée, expliquent en premier lieu tous les phénomènes de nutrition : se nourrir, c'est évidemment absorber et s'assimiler. Ils expliquent, en second lieu, tous les phénomènes de division et de multiplication des cellules, par conséquent l'*accroissement* de l'être au-delà des limites de la cellule individuelle et primordiale. Enfin ils expliquent les phénomènes de la *reproduction*, car la reproduction n'est, en définitive, qu'un mode, soit de division des cellules, soit de nutrition. Maintenant, selon M. Rolph, il n'y a point de limites au mouvement d'assimilation par endosmose. Chaque cellule, et par conséquent chaque organisme, à la propriété de l'*insatiabilité*. Nous pouvons donc parler d'une « faim mécanique » comme cause de toutes les actions des organismes vivants. En correspondance avec cette faim mécanique se montre, à un certain stade de l'évolution [10], ce que M. Rolph appelle la « faim psychique, » qui se fait d'abord sentir essentiellement comme *peine*. Le plaisir n'est « qu'un phénomène secondaire et dérivé. » De là il résulte que la peine est le ressort de l'univers.

Dans cette intéressante tentative d'explication, on reconnaît la doctrine qui fait le fond de la morale pessimiste et de la morale égoïste, du système de la « désespérance » et du système de « l'apathie. » En effet, si l'unique moteur de l'activité est la peine, il faut ou se résoudre à ne plus agir et à ne plus vivre, ou se résoudre à agir et à vivre uniquement avec la moindre peine possible : la première solution est le *nirvana* des esprits mystiques, la seconde est l'épicurisme égoïste des esprits « pratiques. »

La théorie de la peine comme moteur unique de la volonté est intimement liée à la doctrine qui admet que le plaisir a pour essence, ou tout au moins pour condition nécessaire, la suppression de la peine. Déjà Leibniz avait parlé de ces « petites douleurs » imperceptibles et infinitésimales qui, par leur suppression, nous donnent « quantité de demi-plaisirs. » La continuation et l'amas de ces demi-plaisirs, « comme dans la continuation de l'impulsion d'un corps pesant qui descend et acquiert de l'impétuosité, » devient enfin un plaisir entier et véritable, « Et dans le fond ; ajoute Leibniz, sans ces demi-douleurs il n'y aurait point de plaisir, et il n'y aurait pas moyen de s'apercevoir que quelque chose nous aide et nous *soulage* en ôtant quelques *obstacles* qui nous empêchent de nous mettre à notre aise [11]. » Un philosophe italien du XVIIIe siècle, Verri, développant la pensée de Leibniz, arrive à cette conclusion : *Il dolore precede ogni piacere*. Kant lui emprunte sa théorie. Pour lui, la vie est un effort continuel, et la conscience de cet effort est, à un degré plus ou moins intense, douleur. *Il solo principio motore dell' uomo*, avait dit encore Verri, *è il dolore* [12]. La douleur, répète Kant, est l'aiguillon de l'activité, et c'est surtout dans l'activité que nous avons conscience de la vie ; sans la douleur il y aurait donc extinction de la vie [13]. Schopenhauer n'a pas eu à faire de grands efforts d'invention pour imaginer sa théorie sur le caractère négatif du plaisir, qui, selon lui, ne serait senti qu'indirectement par l'intermédiaire de la douleur, et sur le caractère positif de la peine, seule sentie directement en elle-même. « L'effort vital, » toujours « pénible, » dont parlait Kant, est devenu chez Schopenhauer le « vouloir vivre, » dont le perpétuel travail est un perpétuel échec et une perpétuelle souffrance.

Pour résoudre l'important problème soulevé par les pessimistes, il faut examiner s'il y a des plaisirs qui se fassent sentir directement, sans l'intermédiaire d'une douleur préalable ; puis si ces plaisirs peuvent être, sans le secours de la peine, les moteurs de notre activité.

Il nous semble que les exemples classiques de Platon et d'Aristote, tirés des sens supérieurs, comme la vue, l'ouïe, l'odorat même, et des plaisirs intellectuels, comme ceux de la science ou de l'art, rentrent dans cette dernière catégorie. Un enfant qui voit pour la première fois une étoffe écarlate reçoit une excitation du sens de la vue qui n'est nullement la suppression d'une peine préalable. Invoquer ici des malaises sous-entendus, des besoins imperceptibles et latents une tension des nerfs optiques aspirant à leur décharge, une sorte de « faim de la vue, » c'est faire une hypothèse qui a sa part de vérité, mais qui n'explique pas entièrement le phénomène. Le plaisir ici (et c'est là le point essentiel, trop négligé par les psychologues et physiologistes) n'est pas le simple remplissage exact d'un vide, la satisfaction adéquate d'un besoin préexistant : il est un surplus, un surcroît. Considérez l'échelle des intensités dans la sensation : il y a un point voisin de l'indifférence, et c'est à partir de ce point neutre que certains plaisirs peuvent naître par un accroissement d'intensité ; tout plaisir ne suppose pas une descente préalable au-dessous du point idéal d'indifférence, dans la région inférieure de la peine. Le plaisir est alors senti directement comme tel, non indirectement par une douleur qu'il remplacerait : la vue jouit sans avoir souffert.

La théorie de Platon et d'Aristote [14] nous semble éclairée et confirmée par la physiologie moderne. Celle-ci nous montre que la sensibilité supérieure est liée à des organes spéciaux, comme l'œil, l'oreille, le nez, la bouche ; la sensibilité inférieure est répandue dans le corps, diffuse, sans connexion avec des organes bien différenciés. Or, la sensibilité inférieure nous avertit des conditions absolument nécessaires à notre existence, température, choc, faim, soif, etc. ; aussi la sélection naturelle l'a-t-elle organisée de manière à ce qu'elle s'alarme dès que ces conditions sont menacées. D'où il suit que la sensibilité inférieure est plutôt disposée pour la souffrance que pour la jouissance. Les sens supérieurs, au contraire, surtout la vue et l'ouïe, répondent moins, aujourd'hui, aux nécessités de la vie qu'au superflu, à la conservation qu'au progrès : aussi sont-ils plutôt faits pour le plaisir que pour la peine.

Il en résulte que la relation mutuelle de la jouissance et de la souffrance est inverse pour les sens supérieurs et les sens inférieurs. Ainsi, pour la sensibilité générale et interne, pour la température, pour le toucher même, le plaisir distinct présuppose quelque malaise antécédent ou quelque besoin. Il est agréable de manger ou de boire quand on a faim ou soif, de se plonger dans l'eau fraîche quand la peau est brûlante ; mais buvez ou mangez sans soif et sans faim préalable : si vous éprouvez encore du plaisir, ce sera seulement par l'effet particulier des aliments sur le sens spécialisé du goût. De mène, si le corps est à la température normale et neutre, le chaud ou le froid ne lui causera qu'un très léger agrément. Le contraste de la peine antécédente semble, ici, nécessaire au plaisir actuel. C'est que, dans cette région peu spécialisée, les écarts à partir de l'état neutre dans la direction du plaisir sont trop légers pour produire une véritable jouissance : il faut, pour y obtenir un agrément positif, une divergence marquée à partir de la ligne neutre. Seule, dans cette sphère inférieure de la sensibilité générale, la souffrance peut être déjà très vive à partir du point d'équilibre, parce que l'équilibre y est strictement nécessaire à la conservation : un coup, une brûlure, une colique, peuvent immédiatement causer une violente douleur.

Une loi opposée se manifeste dans les sens supérieurs et partout où il y a des organes très spécialisés : là, c'est le plaisir qui peut naître immédiatement et acquérir un degré de distinction notable à partir du point d'indifférence. C'est ce qui a lieu pour les excitations de la vue, de l'ouïe, de l'odorat, du goût. En revanche, les sens supérieurs connaissent moins la souffrance que la simple gêne : une dissonance, un coup de sifflet aigu, des couleurs discordantes, une lumière éblouissante, une odeur désagréable, ne sauraient produire une douleur de l'audition ou de la vision comparable en intensité à celle d'une blessure ou d'une brûlure ; la douleur même des yeux ou des oreilles n'est dans ce cas qu'une espèce de coup et de blessure superficielle. Telles sont, croyons-nous, les vraies raisons scientifiques pour lesquelles la sensibilité supérieure est libre du besoin et de la « faim, » tandis que la sensibilité inférieure en est esclave.

Maintenant, comparons les sens supérieurs aux sens inférieurs dans leur rapport avec l'activité ; nous trouverons qu'avec leur plus grande spécialisation coïncide une passivité moindre, une plus grande part de l'activité centrale et de la volonté. Vous pouvez peu de chose sur vos organes intérieurs ; vous ne pouvez, par exemple, placer votre estomac ou votre cœur dans l'attitude active de l'attention, tandis que vous pouvez volontairement regarder, écouter, flairer, savourer, palper. Or, c'est précisément avec cette activité supérieure que coïncide le plaisir. Au contraire, l'état passif de la sensibilité interne la rend plus propre à la douleur qu'au plaisir.

Au reste, entre les sens supérieurs et les inférieurs, il y a une sorte d'intermédiaire, dont la haute importance n'a pas été ici assez remarquée : nous voulons parler des sensations musculaires ou tout au moins des sensations de résistance, que beaucoup de philosophes considèrent comme la base de toutes les autres sensations. Or, dans le mouvement de nos muscles, où notre activité est continuellement appliquée à vaincre une résistance, où, par conséquent, nous sommes perpétuellement actifs et passifs, nous voyons le plaisir de l'exercice et la peine de la fatigue se dessiner aussi nettement l'un que l'autre, selon le rapport exact qui existe entre notre force musculaire et la résistance extérieure. Ici donc le plaisir se révèle directement et uniquement comme action, la peine comme résistance et passion. Ce fait essentiel éclaire le reste : il nous montre l'intime et primitive connexion du plaisir avec l'activité, de la peine avec la passivité. L'indépendance possible de la sensibilité par rapport au besoin et à la douleur, déjà manifeste pour les sens les plus élevés, est plus remarquable encore pour les plaisirs intellectuels, esthétiques et moraux dont parlent Platon et Aristote. De tels plaisirs peuvent venir même sans avoir été cherchés. Veut-on un cas typique ? Nous citerons le plaisir de l'imprévu, qui d'ailleurs n'est pas propre à la seule intelligence. La première étoile filante qui passe devant les yeux de l'enfant le charme sans s'être fait prévoir ni désirer ; un jeu de lumière dans le ciel est comme un sourire gratuit de la nature. Une découverte faite sans avoir été cherchée est une chance heureuse, un pur gain, une richesse inattendue, un héritage sur lequel on ne comptait pas.

Pour toutes ces raisons, nous admettons qu'il existe des plaisirs de *surcroît*, qui tiennent à un excédent d'activité ou de stimulation. Dans ce cas, la même cause excite l'activité et la satisfait, sans l'intercalation d'un besoin, d'une « faim mécanique ou mentale, » d'une volonté non rassasiée. Kant s'est lui-même réfuté par les conséquences outrées qu'il tire de sa doctrine. Selon lui, un plaisir ne peut succéder immédiatement à un autre plaisir sans l'interposition d'un besoin, d'une peine. Cette conséquence n'est-elle pas contredite par les faits ? Si, au moment où je goûte des mets savoureux, j'entends tout à coup une belle musique, si mes yeux sont charmés par le spectacle inattendu de danses gracieuses, il y a là un *surcroît* qui ajoute un plaisir à d'autres plaisirs, sans que j'aie besoin dépasser par la porte de la souffrance. Bien plus, la théorie kantienne aboutit à une autre impossibilité : le plaisir ne pourrait se prolonger pendant deux instants sans intercaler une douleur entre le premier instant et le second. Dès lors, l'accroissement progressif du plaisir serait impossible : je ne pourrais jamais que combler le vide produit par la peine, emplir le tonneau des Danaïdes de l'éternelle souffrance. S'il y a réel accroissement de plaisir, c'est qu'il y a excédent véritable, à moins d'admettre que je ne sois forcé de faire croître aussi la peine pour augmenter la jouissance consécutive. La méthode de Cardan, qui se procurait volontairement toutes sortes de peines pour jouir du plaisir d'en être délivré, est manifestement contraire à l'expérience. Donc, ici encore, le plaisir est lié à un surplus et non à la simple suppression d'un manque.

On se rappelle la fable de Platon sur le plaisir et la douleur sensibles, liés l'un à l'autre par Jupiter, si bien que l'un ne peut arriver sans être suivi de son compagnon. Comme Spinoza, Kant et Schopenhauer, M. Schneider a étendu cette loi platonicienne d'essentielle et mutuelle relativité à tous les sentiments, même aux sentiments supérieurs. Selon lui, nous n'avons conscience d'un sentiment agréable que s'il y a un *changement* en mieux perçu par nous, ce que Spinoza appelait « le *passage* à une perfection plus grande ; » nous n'avons conscience de la peine que si nous percevons un changement en pire, un *passage* à une perfection moindre : « C'est pourquoi, dit M. Schneider, le plaisir n'arrive à la conscience qu'à travers le manque de plaisir, à travers la souffrance, et celle-ci, à son tour, n'arrive à la conscience qu'à travers le manque de souffrance, à travers le plaisir. » M. Schneider identifie de cette manière, sans aucune preuve et contre toute preuve, l'absence de plaisir avec la douleur, l'absence de douleur avec le plaisir. De plus, il oublie, avec Kant, qu'un changement en mieux peut avoir lieu d'un plaisir moindre à un plaisir plus grand, — de l'allégro d'une symphonie de Beethoven à l'adagio, — et ainsi de suite. Enfin il s'enferme avec Kant dans ce cercle vicieux : — Il faut souffrir pour pouvoir jouir et jouir pour pouvoir souffrir ; comment alors arrivera-t-on soit au plaisir, soit à la souffrance ?

La théorie de Schopenhauer s'enferme aussi dans ce cercle et de même la théorie de M. de Hartmann. Ce dernier, corrigeant en partie Schopenhauer, reconnaît qu'il y a des plaisirs directement sentis, non subordonnés à la suppression de la peine ; mais, par une étrange contradiction et pour nous démontrer en dépit de tout notre misère, il soutient que la douleur tombe seule directement sous la conscience, tandis que le plaisir n'y peut tomber qu'indirectement : le plaisir est donc directement senti d'une manière inconsciente, mais il n'est qu'indirectement *conscient*. C'est que, à en croire M. de Hartmann, la conscience est « l'étonnement de la volonté » devant une chose qu'elle n'a pas voulue et qui lui révèle tout d'un coup sa dépendance. Il en résulte que ce qui *contrarie* la volonté, et par cela même l'étonné, ne saurait jamais échapper à la conscience : tel est le privilège de la douleur, cette violence faite au vouloir ; c'est ce qui lui assure la supériorité dans la balance des biens et des maux. Au contraire, « la satisfaction de la volonté échappe par elle-même à la conscience, » parce qu'elle ne produit aucun étonnement ; la volonté ne ressent que les satisfactions qui provoquent, par le *contraste* même, le souvenir d'expériences tout opposées : la comparaison, le souvenir, le raisonnement. Voilà, d'après cette doctrine, bien des cérémonies nécessaires pour jouir ! Il en résulte que les êtres inférieurs sentent la souffrance avec une impitoyable nécessité, tandis que les êtres supérieurs peuvent seuls accomplir les formalités intellectuelles nécessaires pour participer au plaisir. Cette théorie fantastique imagine arbitrairement des plaisirs *sentis* d'une manière *inconsciente*, comme si on pouvait jouir sans avoir au moins la conscience spontanée de jouir. En admettant même qu'un contraste soit nécessaire pour une conscience relevée et *réfléchie* de plaisirs, n'y a-t-il pas un contraste bien suffisant entre l'état neutre et l'état agréable qui le suit, entre l'équilibre antérieur et le surcroît d'excitation ou d'action qui lui succède ? Est-il nécessaire d'aller chercher dans les douleurs passées un point de comparaison pour sentir la volupté présente ? Autre chose est de jouir, autre chose de *juger* et d'apprécier sa jouissance en la *mesurant* avec d'autres. On n'a pas besoin de savoir le chiffre de sa fortune pour en jouir.

Nous venons de montrer qu'il existe des plaisirs directs, dus à un surplus d'activité sans douleur préalable, qui n'ont pas pour simple objet la préservation de l'organisme dans la lutte pour la vie. Allons plus loin et plus avant dans le problème. Demandons-nous si tous les plaisirs, même ceux qui paraissent nés d'un besoin, même ceux qui semblent les plus grossiers, ne sont pas encore de même nature pour celui qui regarde au fond des choses.

L'entière satisfaction d'un *besoin*, même physique, ne consiste-t-elle qu'à remplir, sans rien de plus, un vide préexistant et à rétablir ainsi l'équilibre dont parle Platon dans le *Philèbe* ? — S'il en était de la sorte, l'équilibre même produirait un état neutre de la sensibilité et de la conscience, une immobilité : l'évolution n'aurait pas lieu. Ce qui fait qu'on jouit en satisfaisant un besoin, comme celui de la nourriture ou de l'exercice, c'est que, par rapport à l'état précédent, il y a un surplus : de là un mouvement de progression où se produit un continuel excès par rapport à ce qu'on venait d'acquérir ; on s'enrichit relativement à sa pauvreté antérieure. Ce n'est pas la simple suppression de la peine qui constitue alors la jouissance sensuelle ; car il y aurait simple neutralisation de l'état antérieur par l'état postérieur ; la jouissance est constituée par la suppression de la peine, *plus* un excédent, qui produit un progrès et non un repos de l'activité. L'état pénible de la faim, pris par M. Rolph pour type, est un composé d'une infinité de peines rudimentaires ; le plaisir qu'on éprouve à restaurer ses forces est une continuelle victoire sur ces rudiments de la peine, et, selon la remarque de Leibniz, il produit quelque chose d'analogue au mouvement accéléré d'un mobile. Mais une victoire continuelle, c'est un continuel surplus, et c'est ce surplus même qui fait le plaisir. Dès lors, non-seulement le plaisir n'a pas besoin d'un manque préalable pour exister, mais, lors même qu'il succède à un manque réel, comme dans beaucoup de plaisirs des sens, il n'en est pas moins par soi indépendant de cette négation, essentiellement positif. En vain les cyniques de l'antiquité, en vain Kant et Schopenhauer veulent n'y voir qu'une négation : il est la conscience d'une force acquise et agissante, il

Alfred Fouillée

vaut par lui-même et a un prix intrinsèque dans la vie.

Nous ne saurions donc admettre la doctrine de MM. Leslie et Delbœuf, qui placent le plaisir dans le simple sentiment d'un équilibre normal [15]. Même dans l'acte de manger, le plaisir ressenti aiguillonne la dépense d'énergie, et l'équilibre n'est atteint que quand la satiété fait cesser l'action. Le sentiment d'équilibre ne constitue qu'un bien-être général et fondamental, assez voisin de l'indifférence, où Epicure plaçait à tort la suprême félicité. Nous ne saurions même nous contenter de dire, avec M. Spencer, que le plaisir est l'accompagnement de l'action *normale* ; selon nous, le plaisir, comme émotion distincte, apparaît précisément lorsque la limite de l'action normale a été franchie, puisqu'il suppose, sur quelque point, une richesse.

Nous irons donc jusqu'au bout de la voie ouverte par les grands philosophes en définissant le plaisir *le sentiment d'un surcroit d'activité*. Aussi la dépendance du plaisir par rapport à la peine ne marque-t-elle que les débuts de l'évolution et de la sélection, non la fin ; elle est primitive, mais non définitive ; elle est accidentelle, mais non essentielle.

Section IV

Nous pouvons maintenant aborder la question dernière et fondamentale : le seul mobile de l'activité, conséquemment le vrai et unique moteur de l'évolution universelle, est-ce la douleur ?

Cette doctrine de découragement ne se retrouve pas seulement chez les disciples de Schopenhauer et chez M. Rolph, mais aussi chez MM. Grote, Schneider, Stephen Leslie, chez bien d'autres psychologues qui n'en ont pas toujours tiré les conséquences morales, métaphysiques ou religieuses. Le plaisir, pour M. Leslie, étant un état d'équilibre, il est par cela même « un état de satisfaction dans lequel il y a une tendance à *persister*. » — « Le plaisir, dit à son tour M. Rolph, est un état que nous cherchons à *prolonger* ; il ne peut donc jamais être la cause d'un changement d'état. » Objecte-t-on à M. Rolph que l'homme, par exemple sous l'influence de l'amour, peut chercher un plus grand plaisir à la place de celui qui est présent et qu'alors la fin de l'action, consciente ou inconsciente, est bien le plaisir ? — Oui, répond M. Rolph, mais le *mobile* actuel est un sentiment de non-satisfaction, c'est-à-dire de peine. Et il en doit toujours être ainsi : « Le plaisir peut bien être la *fin*, mais la peine seule peut être le *mobile* de l'action. »

Cette théorie touche aux problèmes les plus obscurs, mais aussi les plus importants de la psychologie et de la morale. Selon nous, la doctrine de la peine comme moteur de l'action ne serait vraie que si toute activité était uniquement appliquée au *changement* vers un autre état : tel est l'effort, le besoin, le désir ; telles sont la faim, la soif, l'espérance, la colère. Mais est-il certain que toute activité consiste ainsi exclusivement à se mouvoir vers un autre état, comme le mobile matériel se meut vers un autre point de l'espace ? Le changement, l'*inquiétude*, comme disaient les anciens, est-elle l'essence même de l'action ou seulement le résultat des limites de l'action, de son défaut, de la résistance extérieure qu'elle rencontre ? La jouissance actuelle, comme celle de beaux sons ou de belles couleurs, en tant que complète et considérée en elle-même, ne provoque pas le désir d'autre chose, elle est satisfaite de soi ; est-ce à dire qu'elle soit alors passive et liée à l'inertie ? Aristote a pu soutenir avec plus de vraisemblance que le plaisir est au contraire le complément d'une action assez intense pour produire tout son effet et « actualiser toute sa puissance. » Idéal plus que réalité, sans doute ; car l'action de l'être vivant, n'étant jamais solitaire, s'exerce toujours sur un point d'application qui lui-même réagit, elle fait toujours levier ; et de là vient que le changement s'attache à l'activité, comme une nécessité venue des résistances du milieu, sinon de son essence même. Au moment précis et dans la mesure où nous jouissons de notre action, — par exemple, dans la contemplation d'une scène de la nature, — nous cessons de désirer le changement, comme le soutiennent M. Rolph et M. Leslie ; mais aucune jouissance et aucune action ne peut demeurer longtemps au même niveau d'intensité. La prolongation même de l'exercice des nerfs et de leur stimulation agréable tend à en diminuer l'effet, par cette loi d'*usure* dont nous avons déjà parlé. C'est le sentiment de cette diminution, de cette perpétuelle déchéance, où la volupté se trahit elle-même, qui est l'excitant réel du désir toujours renaissant, de la « faim » toujours renaissante. Mais la faim ici renaît de ce que le bien-être antérieur, qui existait indépendamment d'elle, se sent menacé, amoindri, épuisé, et s'échappe ainsi à lui-même. La peine est le cri d'alarme du plaisir, mais le plaisir n'implique pas essentiellement la peine.

Nous voyons donc de nouveau que ce qui est vraiment primitif, c'est l'action identique à l'*être* et au *bien-être*, d'où naissent, avec la résistance extérieure, la peine distincte, et avec la victoire sur la résistance, le plaisir distinct. Le changement, le mouvement, le progrès a sa raison dans la perfection même de l'activité, mais la jouissance est, comme l'ont cru Descartes, Leibniz, Spinoza, le sentiment de quelque perfection actuelle, de quelque puissance parvenue à se réaliser. En absorbant l'activité tout entière dans l'inquiétude, dans le besoin, dans la « faim, » M. Rolph n'a vu que la moitié de la vérité. Il n'a pas assez insisté sur la contre-partie de la faim et de la nutrition, qui est le dégagement de la force et le mouvement. Comme Darwin, dont il voulait cependant perfectionner la doctrine, il a considéré surtout l'entretien et le développement des organes, non leur exercice et le développement de leurs fonctions. La faim, considérée par lui comme le sentiment primitif et universel, a pour objet l'appropriation de matériaux venant *du dehors* : elle est une force de concentration et d'absorption en soi ; mais, nous l'avons vu, la nutrition et la restauration des organes, qui ne font qu'emmagasiner des forces de tension par un travail « négatif, » ne sont pas la vraie source des plaisirs positifs ni des douleurs positives. C'est en dépensant l'énergie des matériaux déjà appropriés que nous éprouvons plaisirs et douleurs ; alors aussi se produit le développement de l'être, révolution vers des conditions de vie nouvelles ; alors l'être vivant réagit sur le milieu, et le milieu même se modifie par le pouvoir croissant de l'être. Il y a donc dans la nature animée un développement du dedans au dehors, non pas seulement une sorte d'enveloppement et d'absorption du dehors par le dedans. L'acquisition même et la restauration des tissus, auxquelles M. Rolph accorde une importance trop exclusive, supposent déjà une certaine activité, un élan antérieur de la vie manifestée par le mouvement : il est plausible d'admettre sous ce mouvement vital, avant la peine rudimentaire causée par la résistance extérieure, le rudiment de plaisir attaché à l'action intérieure.

L'étude qui précède nous parait aboutir à des conséquences

non moins importantes pour la théorie des mœurs que pour la théorie de l'homme et celle du monde ; résumons-les en formules succinctes.

La première conséquence, c'est que la sélection naturelle, procédé tout mécanique et extérieur, présuppose un principe interne d'évolution, trop négligé par Darwin. Ce principe est une activité capable de jouir et de souffrir. La seconde conséquence, c'est que le plaisir est immédiatement lié à l'action, le bien-être à l'être et au déploiement de la vie ; la douleur, au contraire, n'est liée qu'à la résistance venue du dehors. D'où il suit qu'en nous la douleur n'est pas, comme l'ont cru certains pessimistes, le principe même de l'action intérieure et du vouloir, mais seulement celui de la réaction sur le monde extérieur.

Ces résultats de la science psychologique, étendons-les à la théorie générale du monde : nous pourrons en induire que le moteur unique de l'évolution universelle n'est pas la peine. C'est seulement à l'origine de l'évolution chez les êtres vivants que le malaise, la douleur, la faim est le principal aiguillon dont se sert la nature. Nous avons sans doute retrouvé ce même ressort de la peine, presque seul, dans la sensibilité inférieure de l'homme, dans les émotions venues des organes internes de la température, de la pression, etc. Mais, à un degré plus haut de l'échelle des êtres, le plaisir devient, par l'intermédiaire de la pensée qui l'*anticipe*, le sûr aiguillon de l'activité. C'est pourquoi nous avons vu les sens supérieurs, principalement la vue et l'ouïe, condenser en un moment rapide une infinité de plaisirs délicats et subtils, plutôt objets de luxe que de nécessité pour la vie matérielle. L'évolution, l'universel « devenir, » que les anciens appelaient l'universel « désir, » est donc, selon la doctrine profonde de Platon dans *le Banquet*, « l'enfant de la Richesse » et non pas seulement de la « Pauvreté. » C'est pour cette raison même que l'évolution ne nous a pas semblé être uniquement « préservation de soi, » selon le terme de Darwin, ou « maintien de l'équilibre normal » : l'évolution est ou peut devenir un progrès. La douleur n'est donc point, comme le soutiennent Schopenhauer et M. de Hartmann, l'éternelle et irrémédiable condition des êtres, sorte de damnation, enfer d'où le monde ne pourrait sortir que par l'anéantissement de soi.

Enfin, d'autres conséquences encore plus importantes se

développent dans la morale. Si la faim et la nutrition intérieure n'est pas l'unique loi de l'être, si la dépense de soi au dehors est une loi aussi fondamentale et aussi essentielle, il en résulte que l'égoïsme n'est pas « radical » et que l'activité peut vraiment devenir aimante. L'être ne tend plus seulement à tout ramener vers soi, comme par une gravitation dont il serait le seul centre ; il tend aussi à se répandre, à se donner, à s'unir. L'utilitarisme, le darwinisme, le spinozisme même, sont dépassés. La jouissance « pure et véritable, » qui n'est pas seulement un « remède à la douleur, » apparaît ainsi comme l'activité débordante, qui se sent libre enfin des obstacles, supérieure à ce qui était strictement nécessaire pour la satisfaction du besoin ; elle n'est plus une simple balance, mais un profit et, comme nous croyons l'avoir montré, un surcroît. Elle est donc, dans le domaine de la sensibilité, quelque chose d'analogue à ce qui, dans l'art, cause le plaisir par excellence et réalise le charme suprême : la grâce. La grâce est produite par une surabondance qui a pour résultat l'affranchissement du rude « combat pour l'existence, » la liberté et l'aisance des mouvements, le jeu facile de la pensée, l'expansion du cœur et la générosité du vouloir : le vrai plaisir est la grâce de la vie.

Notes

1.   Psychologie, ch. VIII.

2.   Page 29.

3.   Lettre au père Nicaise.

4.   Psychologie, ch. VIII.

5.   Théorie scientifique de la sensibilité, ch. IV.

6.   Darwin, Origine des espèces, p. 110.

7.   Psychologie physiologique, t. I.

8.   Voir sur ce sujet M. Gurney, The Power of Sound.

9.   La Sélection sexuelle.

10.   Pourquoi pas dès le début ?

11.   Nouveaux Essais sur l'entendement, livre II.

12.   Sull' indole del piacere e del dolore (1781).

13.   Anthropologie, § 59.

14.   On en trouvera l'exposition complète dans le beau livre de M. Fr. Bouillier.

15.   Voir M. Stephen Leslie, Science of Ethics, et M. Delboouf, Théorie de la sensibilité.

ISBN : 978-1545405604